La música, ¿qué es?

(ANTOLOGÍA)

José Infante

ediciones
del Genal

1969-2019
ENTRE LIBROS
EN LA CIUDAD DE MÁLAGA

ediciones
del Genal

© *José Infante*
Colección Tania n.º 4

Directora de la colección: Isabel Romero

Autor: *José Infante*
Título: *La música, ¿qué es? (Antología)*
Ilustración de la portada: *José Infante*
Retrato del autor: *Pedro Antonio Ruiz Morate*
Edita: *Promotora Cultural Malagueña*
Coordina: *Ediciones del Genal*
Colabora: *Librerías Proteo y Prometeo*
Depósito Legal: *MA.1442-23*
ISBN: *978-84-10114-05-0*

Impreso en España / Printed in Spain

Málaga, 2024

La música, ¿qué es?

(ANTOLOGÍA)

José Infante

A Pedro,
la música que me acompaña

Oficio de poeta

Quizás una de las mejores maneras de acercarse a la obra de un poeta (consagrado o al margen de los cauces habituales) sea a través de las cada vez más frecuentes antologías personales. En ellas, el lector curioso no solo puede seguir la evolución de cada poética particular (o incluso valorar la solidez y/o singularidad de la voz que nos habla desde el texto), sino que además, y eso es casi lo más importante, también puede rastrear aquellos ejes temáticos que, casi sin ser plenamente consciente de ello, todo poeta ha ido convirtiendo en recurrente a lo largo de su trayectoria. Siempre, claro está, que la previa selección de poemas, la propia antología, haya sido realizada con suficiente rigor y conocimiento.

Y esta antología de poemas que tienes entre las manos, *La música, ¿qué es?*, del poeta malagueño José Infante, no es una selección cualquiera. En principio, porque ha sido realizada por el propio poeta; después, porque estamos ante una antología temática cuyo eje axial es la música (tan próxima siempre a la creación poética), y, finalmente, porque recoge, resume y sintetiza la trayectoria de uno de los poetas andaluces de los 70 (la década de la controvertida *generación novísima*) más libres e innovadores del panorama literario del momento: su primer libro de poemas, *Uranio 2000. Poemas del caos* (publicado en 1971, pero escrito en su mayor parte a finales de los 60) convergía muy tempranamente con las conquistas novísimas más ortodoxas y reconocibles (desde el culturalismo lúdico al irracionalismo); *Elegía y no*, su segundo título, recibía el Premio Adonáis ese mismo año (aunque ninguno de sus textos haya sido incluido en esta muestra), y con *El artificio de la eternidad* (muchos de cuyos poemas están fechados a lo largo de la década de los 70), José Infante se anticipaba a los presupuestos que más tarde se convertirían en señas de identidad de la *poesía de la experiencia*, heredera directa de Jaime Gil de Biedma (vía Luis Cernuda) y tendencia dominante durante los últimos veinte años del pasado siglo XX (y quizás también, a pesar de sus cansinos epígonos, la que mejor ha sabido reconciliar al público lector con la poesía como género literario, basta recordar nombres tan populares como Luis Alberto de Cuenca, Luis García Montero o Luis Antonio de Villena). Son suficientes, por tanto, estos títulos citados, fundamentales en la trayectoria de Infante (pero no únicos), para que cualquier lector avisado pueda advertir que la obra del poeta malagueño ha estado desde sus inicios en la vanguardia del devenir de la poesía española contemporánea.

Aunque esta más que elocuente selección de poemas (que abarca la totalidad de la trayectoria poética de Infante: los casi cincuenta años que van desde 1966, fecha de la escritura del primer poema del libro, *Canción*, a 2015, año de composición del poema que cierra la antología, *La música regresa*) puede servirnos para seguir de cerca la evolución de su manera de concebir la práctica poética, lo que podemos denominar «la cocina» personal de su autor, lo más definitorio de esta apuesta reside en que a su través el lector puede asistir también al discurrir de una voz poética que, instalada en la incertidumbre vital y sin dejar de ser fiel a sí misma, ha sido capaz de mostrar a lo largo del tiempo la vulnerabilidad de un yo poético que se debate entre el doloroso caos provocado por el deseo y la dulce serenidad que infunde la compañía de la mejor música. Y en los márgenes, la propia escritura poética, vivida siempre como fiable conjuro ante la extrañeza y el irremediable paso del tiempo:

> *Tú estás solo y en esta habitación*
> *todo huele a su cuerpo y puedes escuchar*
> *aún su voz como una melodía*
> *que te abandona para siempre en brazos*
> *de los días sin música que habrán de sucederse.*

Los veintitrés poemas recogidos aquí suponen además un significativo recorrido por la genealogía poética de Infante, desde el lorquismo aparentemente ingenuo de *Canción*, hasta las referencias (implícitas y/o explícitas) a poetas tan amados como esenciales en su imaginario poético: la amarga sinceridad de Cernuda, la fascinación de Kavafis por el amor alejandrino, el sensual misticismo de Juan de la Cruz.

Sin embargo, lo más revelador de esta singular muestra probablemente resida en alguna de las posibles respuestas que el lector puede encontrar a la explícita pregunta expresada en el título, *La música, ¿qué es?* Porque, tal y como hemos apuntado, la música no es el único eje vertebrador de esta selección de poemas. El análisis de la compleja relación existente entre el amor (o quizás sería mejor llamarlo deseo), la música y la propia escritura poética, los tres vórtices sobre los que giran la poética de Infante, quizá podrían descubrirnos sus ocultas claves. Aunque es cierto que la música está presente a lo largo de todo el libro, tanto la popular (y cercana a lo *queer*, con nombres como Judy Garland, Marilyn Monroe, Freddy Mercury o Elvis Presley), como la clásica (las sinfonías y cantatas de Bach, Brahms, Vivaldi o Mozart resuenan a lo largo de todo el poemario), casi nunca esta experiencia musical es tratada como entidad autónoma a la que se convoca en momentos felices, sino muy al contrario, siempre se acude a ella, o se la nombra, como bálsamo y seguro refugio ante el dolor de vivir o el desencanto provocado por el fin del amor, de la pasión o del deseo (que todos esos nombres puede recibir), porque la música solo cobra sentido cuando el poema, la escritura poética, la requiere y le da vida. Y «el amor dura menos que una canción»:

> *Escuchar lejanamente a Brahms.*
> *Haber intuido que por esta música,*
> *no especialmente triste,*
> *te llegará el hondo calambre*
> *del olvido.*
> *(...)*
> *Escuchar a Brahms o haber amado*
> *como una sinfonía,*
> *que siempre se interrumpe.*

Puede parecer por ello que son (o han sido) el amor y la música, de forma paralela y a intervalos irregulares, los únicos y hermosos pilares que han sostenido la compleja trayectoria de la voz poética a lo largo de toda una vida, sin embargo, no podemos olvidar que en realidad es el poema, su escritura, la que salvaguarda el recuerdo e impide el olvido. La que en última instancia salva y hace eterna la belleza de un instante o el dolor de la ausencia. La poesía sirve, así, para recordar, levantar y hacer vivir de nuevo el deseo y el amor, pero también para mostrar que es la belleza de la música la que ayuda a aplacar el dolor producido por el desengaño y/o la soledad esencial. Cuando se está viviendo el amor, el deseo lo envuelve todo y nada importa la música o la palabra, pero cuando llega el daño, el consuelo puede venir de la belleza armónica de una canción popular, de una sencilla sonata o de una compleja sinfonía. La escritura poética salva así el amor y el deseo del olvido, mientras que la música adormece el dolor producido por la pérdida o la ausencia:

> *¿Se quedará la música ahora*
> *que ha regresado? ¿Será su compañía*
> *el arma suficiente para derrotar*
> *a las fuerzas del mal, al abandono,*
> *al daño que el destino y la desdicha*
> *nos tienen reservados? La música*
> *regresa y nos inunda de belleza.*

¿Qué es la música, entonces? ¿Tan solo un bálsamo destinado a aplacar el dolor de estar vivo? ¿Un apéndice seguro y necesario para aliviar la desolación que oculta toda experiencia amorosa? ¿Un mero sustituto del amor? ¿O quizás la música no sea para la voz poética sino la última y trascendental reencarnación del deseo, una vez acabada la pasión de la carne? Porque al final de la vida, «¿Qué te queda sino la música?».

Y entre todos los hermosos poemas que componen esta selección (tan dolorosa como valientemente reveladora), entre todos sus versos, puede que sean estos los que mejor definan la depurada poética de Infante:

Tengo una enfermedad mortal
que tiene un nombre simple.
Y no quiero curarme, porque
se llama amor —ahora se llama Jose—.
Y sin ella —sin él—, la vida
es solo una incómoda costumbre
innecesaria.

Siete (aparentemente sencillos) versos han bastado a Infante para construir un tratado de amor tan sincero y complejo que, lejos de decimonónicas ensoñaciones postrománticas (y en línea con la obra de Cernuda y Gil de Biedma), ha sido capaz de convertir el deseo (siempre tan denostado) en el eje axial de la vida. Dos palabras han sido suficientes (y ese es el verdadero y difícil oficio de poeta) para que el poema vuele tan alto que quede fuera del alcance de manidos clichés y estereotipos: el adverbio «ahora» y el pronombre personal masculino «él». Hagan una prueba. Elimínenlos de su lectura y el poema perderá sus alas.

José Infante, oficio de poeta.

Antonio Aguilar

Canción

Mira niño las s hojas,
han florecido solas.
Parecen aún más verdes.

—Volverán a estar mustias.
Mira niña el horizonte,
parece más azul
y hasta más infinito.

—Se nublará algún día
y será negro y turbio.

Ha florecido mayo,
después de los abriles verdes.

—Mi corazón se ha muerto
una tarde de abril,
entre azucenas rojas
y sangre aún caliente.

Será verano pronto. Todo
estará más claro.

—Ya enterrarán mi alma
debajo de un almendro.

Algún día será
espuma o quizás
sea nada.

(1966)

Ruinas y la noche
(solo de trompeta en honor a Judy Garland)

A Pepe Bornoy

En el mercado de la ciudad de Louisiana
cada noche el viejo Armstrong tocaba su trompeta
y un vago olor a pesadilla empezaba a notarse por entre
los corredores de las viejas casuchas con huellas de lágrimas
adosadas a los balcones.
Judy cantaba entonces una vieja balada
y de sus senos-mariposas la palidez cobraba un color diferente
como de hombre desnudo de armario o de cuchillo
sin freno al borde de los gestos.
Judy solía decir cómo era estar llorando, llorar,
pasear solitario entonces por aquellas alamedas era
sentirse desterrado de un mundo que agitaba
sus manos con relinchos, estremecidamente
hombres mordidos a muerte
estirpe de los sueños, la locura
cómo corrían las lágrimas por aquellos ombligos
de los niños famélicos de la ciudad de Saint Louis,
se subían a los árboles vírgenes pétreas de senos
como piedras, redondos, labios de sirena, o qué triste repetir
siempre la misma canción en idénticas circunstancias
asomada a la vieja palidez de los ombligos.
                estoy como una acequia
                estoy triste
                estoy noctámbulo y caduco estoy
                estoy

estaba la ciudad como de una costumbre conmovida de manos
repletas de caricias sin destino hasta el extremo oeste
el negro se extendía
estaba Judy cantando su canción
en una calle oscura y una sonrisa le llegó de poniente
una sonrisa de voces o señales, árida a través de las lágrimas
se posó como un sudor abierto por los músculos
la estremecida nota del viejo Louis se dejó oír
se repitió incesante
palideció la voz de la bella muchacha envejecida
de faroles al borde de los huesos
                    rota la trompeta
despavorida la miseria aniquilaba la bella entre las bellas

se estremeció como un sólo aullido
rompió la queja que volvía a amanecer, acostumbrada, en los
jardines.

(1969)

Palabras para la medianoche
(Notas para una cantata de Juan Sebastián Bach)

Mecánicamente hablo de las cosas más sabidas y átonas.
Confieso que es preferible una playa vacía
a la ronca aridez del desierto africano.
Aunque no sea dado saber algunas veces qué es mejor ni lo
más bello e interesante.
Porque a veces (lo repito) lo bello, lo interesante e incluso lo
pacífico
no se encuentra debajo de una col, ni tan siquiera debajo de
una almena o
en la rama de un árbol que de exótico muere,
sino más bien en ese rollo de papel higiénico que siempre
despreciamos
como un gran prosaísmo.
Ahora, yo realmente quería hablaros —y lo hago en plural
porque siempre resulta mucho más elegante—
de cómo los hombres son asesinados en Wall Street,
en las oficinas de cualquier naviero o en el yate cristina,
que dicen que pertenece a un bandido con nombre de filósofo.
Yo quería hablaros, os lo prometo,
del mundo de las alcantarillas, de las ovejas churras,
de los monos ingleses que la reina Victoria hizo traer de las
proximidades del gran lago Alberto,
yo quería deciros que en los sótanos de París de Londres y
Petrogrado

hay ratas amarillas con enormes manchas verdes en el lomo,
grillos rojos y azules, murciélagos y patos que no han podido
nunca oír una sinfonía,
yo quería que supieseis que en la China hay vacas salvajes,
mulas ...
Y todos esos animales que pudieran sonaros a domésticos
son adiestrados en las más modernas técnicas que la guerra ha
encontrado.
También quisiera hablaros de los hombres-hormigas.
Son una raza nueva que nadie sabe aún cómo se ha originado
pero ya existen. Y viven. Os lo confieso. Yo les he visto
subir a los autobuses que hacen el recorrido desde Ibiza a la
frontera austro-húngara.
Iban en camiseta, descalzos y en los ojos tenían pecas marro-
nes que les daban
un aspecto terrible de tigres o elefantes.
Tienen cuatro millones pies. Y sólo usan las manos para
recoger flores.
Son pequeños y van despacio siempre, buscando madreselvas.
Cuando no las encuentran vuelven a tomar el metro o alguna
avioneta
y silenciosamente regresan a sus casas. Dicen que son los
hombres del futuro.
Yo creo por otro lado que el futuro no será de los hombres.
A veces,
         cuando hablo de todas estas cosas, me olvido,
aunque yo no quisiera, del número ocho;
el número ocho es como el gran resorte que todos conocemos.
Y sin embargo nadie se atreve a hablar de él.
Sabéis por qué. Porque el hombre en el fondo siempre tiene
miedo.

Un miedo atroz que le hace rebuznar y lamer los caminos
que los otros destripan.
Por eso yo os lo digo: cuando veáis que hablo mecánicamen-te
de las cosas que todos conocéis, recordad que san Agustín
fue obispo de Hipona después de haber sido maniqueo,
y que la historia de Roma —del llamado Imperio de
Occidente—,
costó al mundo catorce millones muertos.
Por eso todavía nos bañamos en sangre.

(1969)

Pequeña serenata para una noche de julio
(Homenaje a Federico Fellini)

Las cigarras guardaron silencio
y por primera vez desde que la quinta luna
de estío hizo su aparición,
los grillos iniciaron su canto funerario.
Yo corría enloquecido por la selva africana.
Tribus negras, caníbales, leopardos y monjas
me venían persiguiendo.
Con gran celeridad lograron alcanzarme,
me derribaron. Me mordieron y luego
me dejaron abandonado lejos de las palmeras.
Entonces cuando solo me iba desangrando
alcancé a ver un camello que subía
por las enredaderas.
De mi sangre empezaron a salir
purísimas estrellas canciones y sirenas
que fueron a pasear en bicicleta por el mar Negro.
De pronto me encontré sobre la torre inclinada.
Pisa bajo mis pies era una selva blanca,
El Dante, Leonardo y Miguel Ángel
estaban a mi lado.
Vi la villa Farnesio
y el jardín de los Médicis

Hasta que Rafael
precipitó su mano sobre mi pie derecho.
Caí sobre la mitra de los Borgia. Un vago olor
de arsénico invadió las estancias
del cardenal Paccelli. Yo hui despavorido
hasta alcanzar la verja del castillo de Sant'Angello.
Mussolini, Della Rovere, salieron a recibirme.
Cruzaban sus sables en forma de cruz
bizantina. Mientras desde Montecassino
el estado mayor alemán desfilaba al son de la Marsellesa.
Desorbitadamente se me fueron
saliendo los ojos de los párpados. Cedros de roble
y pino encontraba a mi paso.
                    Al cruzar el puente
de Brooklyn, contemplé la bahía de Hudson
y el desierto del Sahara. Me miré y comprendí
que la soberbia puede levantar paraísos
sobre la arena pálida que quema y vence
el esfuerzo del hombre.
La sangre se me puso pastosa y solitaria.
Cuando perdí de vista la estatua de la Libertad
subí al Empire State
con intención de saltar al vacío.
Dos ángeles desnudos me prestaron
sus alas y desde la nube escarlata
del barrio de los negros
volé
        hasta el Moulin Rouge, a orillas del Sena.
Recorrí los Inválidos buscando la sombra
de Bonaparte,
                pero sólo encontré los senos

desnudos de Brigitte Bardot, labios insinuantes,
sonrisas de bailarinas árabes
que desde el Sacré Coeur venían
con plumas y alacranes en los muslos y el sexo.
Le Monde decía en la primera página
que Hollywood había desaparecido
devastada por las llamas. Beverly Hills
y Houston se habían convertido en lagos de vinagre.
Yo recordé de pronto los jardines colgantes de Babilonia
y los harenes del sultán de Marruecos.
Al llegar a la verja de Versalles
encontré las puertas cerradas. Un dragón de doscientas
setenta y cinco mil cabezas corría detrás de mí.
       Cuando logró alcanzarme
me dejó sin sentido
y desperté en el césped de la Malmaison.
Estaba solo y frío. Desnudo, todo el cuerpo
lleno de mariposas de diversos colores,
de mordeduras graves
que no me supuraban. Al querer levantarme
caí desplomado sobre un sillón de raso
que sostenía la reina Cleopatra.
Al volver a mirarla vi
       que no tenía ojos.
De los cuencos vacíos dos áspides me miraban
con las lenguas cargadas de leche envenenada.
Al probarla sentí una sensación nueva,
que yo creí entonces que era
la felicidad.

                        (1969)

Amazing shakes of midnight

Para Mario Alberto Escriña

La noche siempre empieza en un escalofrío, después,
como chalupas, que anonadadas huyen,
amenaza el insomnio en las alcantarillas,
el insomnio cerrado de colillas inciertas, incierto
transistor a medio destruir, suspiros
que siempre están oyéndose en nuestra lucidez.
Y Marlene, la divina, se acerca,
desde su trono-pantorrillas-televisor,
a medio camino entre los siglos y la cultura media,
propagada por los ventiladores de la bolsa americana.
Desde luego la noche nunca pasa sin miedo,
es como si la inutilidad se hiciera más palpable,
como si acaso viéramos vacías las palabras, los gestos,
las miradas y solos, encontrados en medios de las sombras,
sin tener una altura que divisar acaso,
si el jardín silencioso donde muere Cupido
y el deseo se estremece como una cucaracha,
donde los ojos se dilatan de apetecida carne,
no fuese una habitación de luces indirectas,
miradas indirectas y tactos indirectos,
rojiza oscuridad tras los veladores,
los espejos de morrison podrían delatarnos,
podrían delatarnos las manos los espejos de oliver,

la escalera de boccacio (mon amour, desde Barcelona
esperaba tu carta, que nunca habría de llegar,
que nunca depositaste). Nunca estos espejos delata-
rán mi imagen, nunca la noche
puede dejarnos silenciosos almohadones lacios sobre
nuestra cabeza abandonada a ritmos
de lentísimo movimiento, tras la rubia cabellera que
me estaba mirando.
Dónde estaba la nunca depositada huella de tu paso,
qué plaza, qué calle, dónde la noche empieza.
Nadie sabe qué límites constituye la noche, nadie
puede saberlo, porque a veces la luna no asiste a la ce-
remonia de las profanaciones, a veces tampoco están
las estrellas decorando el silencio de los crímenes,
la desesperada huída de los ferrocarriles,
tus hombros, tu espalda, no podían sostener tanta
sombra en mis ojos.
                    Esta noche me pesa,
cuando el sol despierta mis pupilas y sobre el mar,
desnudo, mi pie perdido vaga.

(1972)

Música y amenaza

¿Quién se va antes, nosotros
o la música, si nada permanece
después que se ha cumplido
la eternidad de alguna melodía?
Armonía no es vivir
la muerte siempre roba plenitud,
si feliz fue el instante
y amor su apoyatura.
Todo el hombre es congoja,
pues su palabra muere
y ni siquiera cenizas son sus ecos.
No existen los sonidos,
aunque el humano esfuerzo
los reúna en bellas exultantes oraciones.
El ritmo es quién nos lleva,
quién nos mueve la sangre.
Todo el orden termina,
si arpegios, notas,
movimientos se unen.
Sinfonía no es vivir.
Fuerzas desconocidas nos someten a un
misterioso destino
que en las sombras teje, como araña de fuego, devoradora,
su inexorable tela artificiosa.

Nadie escapa a sus hilos,
a sus notas traducidas en bellas,
encantadas melodías.
La música nos salva.
Víctimas de su gloria deslumbrante,
al cántico ofrecemos nuestro único don,
el tiempo detenido en nuestros brazos.

(1975)

Palabras recobradas para Vivaldi

Para Iñigo Villalonga

I

Aquel dolor de pecho adolescente
torna hoy maduro y penetrante,
cuando la primavera en rosa vierte
su mirar cansado, es un largo clamor
la noche y esa flauta que solitaria
vuelve a la memoria, elevando
a la nada fugaz todo recuerdo.

La evocación hace veloz al tiempo,
se suceden igual verano, otoño,
invierno, primavera, estaciones
de una vida sin fin que feroz
te conduce hasta la muerte.

Igual que entonces amor atraviesa
las palabras.
Amor, hoy como ayer,
helada negación ¿acaso sin destino?

II

¿Se agota el sentimiento de gozarlo?
Fugacidad no es siempre estar mirando
el paso de los ríos. Nada queda
sin pozo. Por eso insiste el mar
sobre las mismas rocas con idénticas olas,
parecidas espumas. Por eso insistes tú,
en parecidos cuerpos, sólo distinto el nombre.

La vida a solas sigue. Como sigue
el dolor a esos ojos recién amanecidos,
que contemplan cuán lenta va la música
de la nada hacia el largo silencio de las flautas.

No es regresar amar lo que se pierde.
Luce otra vez la primavera,
el pecho oscuro siente el dolor,
inacabable fábula
que en el amor, el tiempo va escribiendo.

(1972)

Maikos

Para Luis Martínez de Merlo

De planyé és el doncell que ajeu sos membres
Ceus d´hanver-los cansat en el plaer.
Joan Maragall

Como un lento fantasma permanece la imagen.
En Casa de Miguel nada era extraño
a la música, que comunión de cuerpos,
ofrecíase turbadora, en blanco espacio, que
sonrisas hacían propicio a la amistad. Su
rizada cabeza se destacó en penumbras,
su mirada magnética, el apagado junco de su talle,
su mano invitadora, el labio incitador
a los furtivos besos, se destacó
su imagen al ritmo de la noche.
Todo el silencio estuvo, en un instante,
pendiente de su boca, sujeta de su mano
la palabra, como parado el mundo de repente.
Era la juventud, herida de hermosura.

En Casa de Miguel, el tiempo no seguía.
Vigilantes miradas acechaban,
acechaba toda la vida, mas no se pronunció
su grito más auténtico, no fuente enamorada,

su boca no brindó beso alguno,
no lava ardiente, cenizas del amor
fueron sus labios, no potro, no cordero,
su corazón no conoció el deseo, nunca
candela viva, su cuerpo desconoció el placer,
ni lucero ni miel, ni espina ni lucero,
sus heladas palabras se quedaron,
víctimas de idéntico naufragio,
a la deriva de la madrugada.
Dulce fue la noche, en Casa de Miguel.
pero no tuvo fuego, no conmovió
el vértigo la noche. Como el mar
que se ofrece continuo, pero jamás se entrega,
no se entregó al amor la juventud más alta.
No se ofreció al placer la belleza más viva.
En Casa de Miguel sólo hubo música,
oh muchacho, que jamás te entregaste,
inútilmente al borde de una copa,
sin gozar de la fuerza que da la juventud y
luego se marchita.

Sólo quien ama muere, pero sigue
viviendo. Así, belleza y juventud
sólo si se consumen, vivirán para siempre.

(1976)

Réquiem 8 Lacrimosa

Homenaje a W. Amadeus Mozart

¿Qué te queda sino la música?
Has tocado con desesperación a todos los
resortes. Todas las ventanas
se han cerrado. Todas las puertas
se apresuran a clausurarse
tras sí mismas. Nada
tienes que puedas decir tuyo.
Nada que te dé confianza
en el próximo amanecer. No volverán
los instantes pasados, ni las horas
en que el amor, el mundo, se han mostrado
generosos a tu deseo. No volverán
sus ojos nunca, como no vuelve
jamás el río otra vez a la misma ribera.
¿Tienes otro asidero que no sea la música?
Escucha
cómo se elevan las notas silenciosas
hasta tu corazón. Es tu solo
destino, la soledad
ha sido la más dulce compañera.
Te será propicia en el recuerdo
de los cuerpos que se fueron quemando

entre tus manos. Como se quema
ahora tu vida, solitaria, pendiente
de esa cualquiera eterna melodía.

(1978)

Homenaje definitivo a Marilyn Monroe

Más que una voz al otro lado,
oh, Marilyn, deteniendo el somnífero,
lo que no tuviste a tu cabecera
de almohadones lacios,
fue el mar, gritándote
que él, tan infinitamente azul,
él también está solo,
y sin embargo avanza, se crece
y se levanta, aunque sea con ojeras.

(1984)

El poema de Venecia

A Juan Ramón de Miguel

Aparece vestida con sus mejores joyas.
Te deslumbran los dorados mosaicos,
la bola, en la Dogana, como un ascua
de luz, un corazón que incandescente
parece que a la ciudad entera impulsa
con la plateada sístole que inunda las espumas.
Brillan las cúpulas en una sinfonía
cuyas notas no aciertas a alcanzar.
No parecen real su podredumbre,
los caballos de bronce, las esquinas
donde otro prodigio sucede a la derrota.
Luego va desnudándose.
Se hace opaca en la noche.
Su silencio, en San Michele,
se viste con el eco sagrado de la muerte.
Avanzas y no abarcas jamás
la exquisita belleza de sus miembros.
Es como un cuerpo abierto
que te invita a devorar con fruición
el oscuro misterio de su boca,
los insondables secretos de sus muslos.
Crees poseerla, pero huye,
como una sombra, que fantasmal

alargara sus límites, suspendiendo
el tiempo entre las aguas, o un ensalmo,
que al alma enmudeciera en un instante.
Desnuda, como está, jamás te abraza.
Ella sucede en ti, pero nunca se ofrece.
Deja que la penetres; como un águila
se apodera de ti y luego te abandona.
Aparece la niebla y la deshace.

(1987)

También con la primavera
ha llegado la muerte

Agustín Almagro, in memoriam

Pero una nueva tormenta está viniendo
desde el Paraíso.
Laurie Anderson

Llega la primavera y tú te marchas.
Otra vez tú llegaste con ella.
Y fue la rosa eterna porque tú la ofrecías.
También la nada, como un lago
en donde sumergirse y mirar a la vida
como un don extraño y pasajero.
Profundo y misterioso era tu corazón.
Pero no lo entregabas, convertido
en un juego más de tu perverso estilo adolescente.
Azul, como aún serán tus ojos,
fue el paraíso en el que te movías,
prometiendo la gloria: tomar lo inaprensible.
Ningún camino fue ajeno a tu sabiduría
y nada fue un obstáculo
para lograr saciarte de belleza.
¿Quién pudo detenerte en tu salto mortal
al fuego de lo eterno?

Era la juventud aspiración constante
en tus palabras y el deseo insatisfecho
que te hacía delirar si se escapaba
de tus manos, fugaz, como era siempre.
Así tramó el destino, cruel, su más atroz venganza,
este loco pinchazo en el vacío.
Ahora, esa imposible tormenta que te arrastra
y que nos deja a todos sin tu aliento,
hará aún más bestial el mundo que nos queda,
el mar que se oscurece cada día
y que ya no es hermoso, ni bueno ni sagrado.
Como el amor que se ha quedado ciego,
que nunca volverá a ser azul y dulce
porque el sol le ha retirado su poder
y su tremenda luz devoradora.

(1987)

Brahms 2.ª Sinfonía 3.er movimiento

Escuchar lejanamente a Brahms.
Haber intuido que por esta música,
no especialmente triste,
te llegará el hondo calambre
del olvido. Al tercer movimiento
la luz ya será sombra,
cadáveres de hielo los besos
y la tarde, vano fantasma
que hará definitivamente
memoria de tu vida.
Escuchar a Brahms o haber amado
como una sinfonía,
que siempre se interrumpe.

(1995)

La arena rota

El amor dura menos que una canción.
La pasión se consume y nosotros caminamos ya por un
desierto.
La poesía también debe romper con las normas.
Hay que acabar con las palabras.
Nada puede expresar nuestra angustia como el grito.
Pero el grito no tiene forma.
Tampoco tú la tienes, pero me obsesionas.
Cuando se acabe el mundo ninguno de los dos estaremos
aquí.
¿Por qué entonces estamos desollándonos?

(1997)

La voz humana
Ruinas de La Fenice, Venecia 31/01/1996

Para Antonio Parra

¿De quién es esa voz que aún nos llega
a través del calcinado estuco?
¿Qué desgracia relata, qué dolor deletrea,
qué traición denuncia, a qué amores perdidos
presta su colatura, su furor, su fraseo?
¿Será, tal vez María que aún desesperada
vuelve su daga contra el gobernador?
¿O será Tebaldi-Butterfly que rumia
su amargo desconsuelo mientras ve
cómo se aleja para siempre su amor?
¿Será el moro celoso que ha clavado el certero
puñal en el pecho de la dulce Desdémona?
Pero no. Es tan sólo un ensueño, un loco desvarío.
Nada se escucha hoy aquí. Sobre
este palco escénico que vio pasar la historia,
ha caído por siempre el silencio. Como una llama
se levanta, se interpone fatal entre la música que fue
y el vacío que ya lo llena todo. Entre soportales de humo,
van quedando sepultadas historias y venganzas,
la locura que lanzó como un dardo su verso.
Y el delirio más fiero que nos mostraba el arte.
¿Nada se escucha aquí? ¿Es tan sólo el golpe seco

de la madera que cae, la techumbre de dorados
relieves, el polvoriento terciopelo hecho ceniza?
¿Todo lo arrastrarán las cenagosas aguas
de esta laguna oscura y centenaria?
¿Todo será arrasado por el cruel incendio
que devora recuerdos y memoria?
De alguna forma misteriosa y profunda
algo no podrán arrasar estas llamas del aire
que envuelve este teatro donde se ofició
el supremo milagro de la Música, la voz humana.

(1996)

Días sin música

Hoy no ha venido él. Y tampoco ha llamado.
¿Fue el amor quien pasó o tan sólo su ejemplo?
Espejismo o verdad siempre termina.
Y cuando él se marche, te quedarás vacío.
Pero la vida sigue y los días también
con sus horas iguales, monótonas y absurdas.
Sobre el caos, tal vez vuelvas a levantarte
y ordenarás tu vida con la misma desgana.
Los libros en su sitio. Aquí los más queridos,
Kavafis, Luis Cernuda, Juan de la Cruz,
aquel tomo de Borges, tan viejo y tan usado,
algún libro de notas, donde escribir desgarro,
desconsuelo, amargura, vacío, soledad.
Tal vez cambies de sitio los cuadros
y algún mueble. Ya no soportas ver aquel dibujo
frente a tu mesa de trabajo. Tendrás
que hacerle sitio a unos nuevos compactos.
Son óperas antiguas en grabaciones nuevas.
Olvidarás los ritmos calientes de las islas, boleros,
salsa, y escucharás otra vez esa voz
dolorida de la divina Callas, las sonatas de Bach,
un concierto de Mozart o Beethoven,
o ese otro de Gallupi que te lleva a Venecia.
El agua te traerá recuerdos que creías lejanos.
Pensarás nuevamente en los muchos proyectos

que se han ido quedando sin hacer
y te prometerás, con firmeza, sin duda,
recuperar aquel libro de cuentos,
también la novela que un verano empezaste
o el libro de retratos que nunca das por acabado.
¿Has pasado una página o ha sido tan sólo
una pausa fugaz en la fatal caída en el abismo?

Sólo es cierto que fuiste feliz contemplando
sus ojos, adivinando a Dios detrás de aquel orgasmo.
Y es verdad que era alto y hermoso y en su risa
creías sentir la esperanza del mundo
o que el mundo era, tan sólo por su risa,
un momento, distinto y habitable.
Pero todo fue un sueño. Su tersa piel amable,
sus ojos anhelantes, la ternura fingida
de sus gestos, la fuerza de su boca y su voz
como música que transmitían su ritmo de vida
y armonía. No existen más que en sueños.
Tú estás solo y en esta habitación
todo huele a su cuerpo y puedes escuchar
aún su voz como una melodía
que te abandona para siempre en brazos
de los días sin música que habrán de sucederse.

(1996)

Poema XXI
Nueva canción desesperada

(Homenaje al poema Si te nombran
de Gloria Fuertes)

Tengo una enfermedad llamada Jose.
Los médicos no se atreven a diagnosticarla
por la complejidad de sus síntomas.
A veces se manifiesta de forma violenta,
con ataques de angustia y de ansiedad;
otras aparece en forma de dolor,
un dolor penetrante en el corazón
y en la cabeza, o como síndrome confuso
de abstinencia, de nostalgia, de ausencia.
Melancolía también puede llamarse.
Quita las ganas de vivir y produce
extrañas alucinaciones, pesadillas.
Por la noche es la fase más aguda
y puede quitar el sueño y la esperanza.
Los especialistas no se ponen de acuerdo
y dicen que se trata de un simple desamor
o de ese otro extraño fenómeno que llaman
"amor ficción", porque no existió nunca.
Fue sólo creación de la mente del enfermo,
espejismo de su corazón, una manera absurda
que tienen los que la padecen

de aferrarse a algún sueño que nunca
fue verdad, una simple manera
de transformar la vida en un drama
con un final feliz. Nada grave:
películas, exceso de imaginación,
soledad profunda, desasosiego,
urgente necesidad del paciente
de entregarse a imposibles quimeras.
Otros, en cambio, aseguran que es un virus
extremadamente peligroso, que puede ser mortal
si no se ataja a tiempo. Afirman,
los que mantienen esta teoría,
que existe un alto índice de enfermos
crónicos, que no se curan nunca
y acaban repitiendo la misma palabra,
ese único nombre, hasta el final
de sus días, solos, con la mirada perdida
en el abismo y las manos en actitud
de súplica, como si esperaran siempre
a alguien que no llegará nunca.
Sí. Tengo una enfermedad llamada Jose,
que antes tuvo otros nombres, Ángel,
Vicente, Antonio, Alberto, Manuel, Sergio,
Andrés, Juan Ramón… Y nunca se ha curado.
Sólo ha tenido fases de letargo.
Y se llamó vacío.
Tengo una enfermedad mortal
que tiene un nombre simple.
Y no quiero curarme, porque
se llama amor —ahora se llama Jose—.

Y sin ella —sin él—, la vida
es sólo una incómoda costumbre
innecesaria.

(1997)

El amor mata

El amor mata. Lo cantó Freddie Mercury.
Y cayó fulminado. El amor está aquí y se va.
También le puso música al silencio, a la soledad,
al sueño imposible de las drogas. La cocaína
fue su mejor refugio para intentar superar
la inutilidad del artista para cambiar el mundo.
De un cantante o de cualquier poeta
que sepa lo que es el miedo y la tristeza,
la impotencia de luchar contra el tiempo,
que no espera nunca a nadie, porque
siempre se va y nos deja perdidos
en un oscuro bosque que no tiene salida.
El amor mata. A Freddie Farrokh Bulsara
Mercury le acertó en medio del corazón,
como si fuera un dardo envenenado,
que no tenía antídoto posible. El amor mató
a toda una generación que un día
se sintió libre, pero el dios asesino
decretó que debía someterse a las normas
o morir con dolor y con rechazo.
El mismo dios terrible a quien Freddie
en algunos momentos angustiosos,
con el cuerpo vencido por la fiebre,
pidió que le escuchara. Pero nunca fue oído.
Oh, my God, my God, ayúdame.

Por favor ayúdame, Dios mío.
Pero el espectáculo debe continuar sin él.
Continuará sin nosotros. Si fallara algún día
se caería el mundo, el amor, la sonrisa
de un niño, el vuelo de la alondra
alrededor de todas las miserias.
El espectáculo debe continuar
porque afuera sigue amaneciendo
y nuestros errores y los del mundo
condicionan nuestras vidas sin remedio
posible. Somos unos juguetes en manos
de la nada que se empeña pertinaz
en perseguirnos, en atraparnos siempre
en medio de un sueño mortecino.
Podemos intentarlo otra vez, y otra y otra.
No hay nada que la detenga.
Estamos solos, expuestos al miedo
y a lo desconocido. Aunque intentemos
no venirnos abajo, será imposible escapar
al destino. Oh, Dios mío
ayúdame, *my God, my God*.

(2008)

El mundo de la noche

Leopoldo Alas in memoriam

El mundo de la noche no tiene casa.
Es sólo niebla y música estridente.
Está lleno de sombras y de miedos,
que tratamos de paliar con el alcohol
y con las drogas, un canuto de maría,
una raya furtiva en los lavabos,
un porro, algún chupito de ron,
que es tan caliente y que ayuda a pasar
la noche oscura. Mientras la alegría
y la locura se apoderan de las pistas de baile
y de las discotecas de moda, el mundo que
está afuera, continúa
mísero y triste y el hambre y la injusticia
siguen reinando en todas partes, ante
la indiferencia de todos los que huyen.
Luego, cuando amanece, siempre
te quedas solo. Como antes estabas.
Antes de habitar el laberinto siniestro
de la noche, su falsa sensación
de que tú estás a salvo, a salvo
de la ira de los hombres
como escribió antes de irse Leopoldo.

Él se marchó y nos dejó más solos,
más vulnerables a los peligros
de esa terrible fosa que nos amenaza
y en cuyas fauces acabaremos todos.

(2008)

Sin música

Sin música, sin concierto,
si ninguna melodía, sin aliento
ni armonía, sin el canto dulce
el coro de los ángeles.
Así pasan tus días ahora,
como lentas hormigas
que royeran tu cuerpo
y lo vayan reduciendo
al polvo y a la nada.

(2012)

My Way
Trayecto final

A veces, en ciertas fechas señaladas,
cuando se acaba un nuevo año o recuerdas
la muerte de los que se fueron, los errores
todos de tu vida se presentan delante de ti,
como si fueran los culpables de la infelicidad
y el infortunio en el que te abandonaron.
Pero no fue solo el destino y la forma que tuviste
de aceptarlo o de enfrentarte a su cruel designio.
Ahora, en la hora en la que crujen los dientes,
en la noche de los desiertos y los acantilados,
sabes, y no puedes negarte ante la dura evidencia,
que tuviste siempre, una posibilidad
de haberlo cambiado; esa fue tu manera
de vivir y jamás hay regreso
ni otra oportunidad para cambiarlo.
Has llegado al trayecto final y eres consciente
que solo será el mañana el que has labrado
en las horas que te han precedido
a tu sola manera.

(2014)

Elegía de aniversario

Este poema empieza hace 35 años,
el día que murió Elvis Presley en Memphis.
Este poema empieza en una playa hermosa
del Sur mítico y habla de dos hombres
que se amaban entonces, que vivían
entonces, sin saberlo, el momento
más feliz de sus vidas. Este poema empieza
en Almuñécar, en un viejo restaurante francés
donde aquellos dos hombres, uno muy joven
y el otro pasando la treintena, cantaron
algunas notas de *Love me tender*,
ámame tiernamente y no me dejes nunca,
al conocer la muerte del rey del rock, y lloraron
al saber que en su casa de de Graceland
el demerol había acabado con su vida.
Pero tal vez —ahora que recuerdo— no lloraron por
Elvis, ni siquiera porque de alguna forma
con él moría el rock y alguna nueva forma
de rebeldía. No, aquellos dos hombres
lloraban sin saberlo por sus propias vidas,
no solo por la juventud que acabaría
dejándolos en la cuneta de la vida.
No lloraban por el amor que entonces les unía
y que acabaría, roto y vencido, unos años más tarde.
Aquellos dos hombres, yo era uno de ellos,

lloraron porque la tristeza del mundo, su miseria,
se les hizo evidente en la figura del senescente Elvis
sin vida, solo, en el suelo de su cuarto de baño
allá en Memphis, en el lejano Tennessee.

(2015)

La música regresa

Se eleva misteriosa en esta solitaria habitación,
sube de repente por todas las paredes, inundando
cada oculto rincón, la perfecta armonía y la emoción
de la Cantata 147 de Bach. Sientes que regresa
la música hasta tu corazón, del que huyó
un día de invierno, dejándote abandonado
en el más cruel de los silencios. Vuelve
el consuelo que dan sus notas deslumbrantes,
la melodía que eleva por encima
de las cosas del mundo, la triste realidad
que cada día nos cerca como cárcel
de fuego y de miseria, la vanidad
que es ceniza y es lucha fratricida
de los poderosos, que abandona
a los débiles y a los menesterosos.
¿Se quedará la música ahora
que ha regresado? ¿Será su compañía
el arma suficiente para derrotar
a las fuerzas del mal, al abandono,
al daño que el destino y la desdicha
nos tienen reservados? La música
regresa y nos inunda de belleza.

(2015)

ÍNDICE

Número 4 de la
Colección Tanía Poesía

Bajo el cuidado
Isabel Romero
directora de la colección

Se acabó de imprimir en Málaga
en el mes de enero del año 2024

Con la colaboración
Ediciones del Genal y Librería Proteo Prometeo